JOSÉ ANTONIO PAGOLA

PASTORAL **R** RENOVADA

LAS COMUNIDADES CONTEMPLATIVAS

PPC

© 2024, José Antonio Pagola
© 2024, PPC, Editorial y Distribuidora, SA
Impresores, 2
Parque Empresarial Prado del Espino
28660 Boadilla del Monte (Madrid)
ppcedit@ppc-editorial.com
www.ppc-editorial.com

ISBN: 978-84-288-4225-9
Depósito legal: M-22530-2024
Impreso en la UE / *Printed in EU*

Introducción[1]

Mi intervención no pretende ofrecer directamente pistas de acción para el futuro, menos aún encontrar las soluciones que se han de promover en cada caso. Solo trato de reflexionar en voz alta con todas vosotras, en actitud de búsqueda humilde, en clima de diálogo y de comunicación mutua, muy atentos todos a la acción del Espíritu en medio de nosotros.

El tema del futuro de las comunidades contemplativas no es sencillo. Hay aspectos que yo no voy a tratar pero que, sin duda, requieren atención y discernimiento especial. Así, la **formación** permanente y actualizada de las contemplativas hoy. Creo además necesario pensar más en la formación adecuada de las jóvenes contemplativas que deberán vivir su proyecto

---

[1] Conferencia pronunciada en las IV Jornadas de Religiosas Contemplativas, celebradas en Loyola (Gipuzkoa) durante los días 27 y 28 de febrero de 1998.

de vida el próximo siglo. ¿Basta con la formación que reciben en su propia orden o familia religiosa? ¿Qué cauces o plataformas se pueden promover para asegurar la formación adecuada de este exiguo número de jóvenes monjas? ¿Qué ayudas les ha de proporcionar la diócesis?

Otro tema importante es, sin duda, la **oferta vocacional**. Hemos de reflexionar juntos para ver con más claridad cómo presentar hoy en esta sociedad la vida contemplativa, qué experiencias ofrecer a las jóvenes, qué acogida, qué lenguaje hemos de emplear, cómo formular y presentar el propio carisma. Todo ello, no como un trabajo de propaganda interesada, sino para dar cauce a la acción del Espíritu que sigue actuando en los corazones.

Otro punto delicado es, tal vez, el de la **integración de vocaciones extranjeras** en nuestros monasterios. Sin duda requiere tacto y reflexión, pues se ha de pensar en el futuro de estas religiosas, el significado que su presencia puede tener en nuestra sociedad occidental, las dificultades que se pueden generar.

Mi reflexión tiene otro objetivo. Vamos a tratar sobre **las actitudes** que es necesario cuidar y estimular entre nosotros, tanto personalmente como en comunidad, para escuchar en fidelidad la voz del Espíritu. Es importante buscar soluciones, dar pasos, preparar el futuro. Pero tan importante o más es ver cómo vamos a vivir estos momentos, con qué espíritu, desde qué actitud interior, con qué corazón.

Dicho de otra forma, cómo vivir hoy la vida contemplativa ante un futuro que se presenta con no pocos interrogantes e incertidumbres.

1

El horizonte real

Antes que nada, y de manera breve, hemos de tener ante nuestros ojos el horizonte real de nuestras comunidades. No para desalentarnos o hundirnos en el pesimismo, sino sencillamente para actuar con lucidez, humildad y verdad. No tiene mucho de cristiano el "cerrar los ojos" y seguir caminando como si no pasara nada.

1. Envejecimiento

Las comunidades contemplativas han envejecido. No solo se va reduciendo el número de hermanas, sino que buena parte de ellas son de edad muy avanzada. No es necesario aportar datos y estadísticas.

Este envejecimiento tiene, como veremos, unos efectos muy notables en la vida de la comunidad y en la misma vivencia del carisma contemplativo en cada monasterio.

2. Falta de vocaciones

No hemos de engañarnos ni culpabilizarnos. Hay pocas vocaciones. No sabemos qué sucederá dentro de unos años, pero esta crisis vocacional responde a datos muy profundos:

- Ha descendido de forma drástica la natalidad.
- Se ha extendido en la sociedad la indiferencia y frialdad religiosa.
- El estilo de vida frívolo y materialista no favorece la opción por la vida consagrada.
- Han aparecido nuevas formas de compromiso cristiano laical, nuevos movimientos.
- El mismo hecho del envejecimiento de las comunidades no favorece el ingreso de jóvenes.

En el futuro, la Iglesia será también mucho más reducida y las comunidades contemplativas serán menos, más sencillas y diseminadas humildemente por la geografía de nuestra tierra.

La vida contemplativa adquirirá otro rostro, aparentemente menos brillante, pero, tal vez, de mayor significado evangélico.

3. La situación de algunos monasterios

El envejecimiento de la comunidad, la reducción del número de monjas y la falta de nuevas vocaciones están conduciendo ya a algunas comunidades a situaciones difíciles.

Sobrecarga

Bastantes monjas sienten cada vez más el peso de una ocupación excesiva. Hay que seguir la marcha de la casa, las labores y tareas de cada día (cocina, limpieza, portería...). Hay que atender a las enfermas, cuidar de las mayores... Por otra parte, hay que asegurar el trabajo como fuente de mantenimiento y se cuenta con pocas personas en activo.

Empobrecimiento de la liturgia

Se hacen toda clase de esfuerzos para mantener la liturgia y las celebraciones, pero la edad avanzada, los achaques y la reducción de monjas hace cada vez más difícil una vida litúrgica digna, viva, participada, creativa; es fácil caer en la rutina y el empobrecimiento. Se cumple, pero todo parece resentirse.

Deterioro

Toda la vida de la comunidad corre el riesgo de deteriorarse: la formación permanente, la formación de las novicias, la acogida a las personas que se acercan, la recreación... Todo ello puede ir repercutiendo en las personas creando cansancio, tensión, falta de ilusión o dificultades para la convivencia.

Circunstancias agravantes

Todo se puede agravar, aún más, cuando el monasterio tiene una larga historia, un patrimonio artístico importante, etc. Lo que un día fue riqueza estimada hoy puede ser un peso. Por otra parte, todo se hace más difícil cuando falta comunicación y apoyo mutuo entre las comunidades. También hay monasterios que, en estas circunstancias, han de abordar obras de reparación o se han de preocupar de conservar edificios grandes o muy deteriorados.

Preocupación

Las comunidades están viviendo, por lo general, toda esta situación con admirable espíritu de sacrificio y serenidad, con un espíritu de aceptación paciente. Pero en las comunidades contemplativas ha entrado un dato nuevo: la preocupación por el futuro.

Es normal. El futuro preocupa y, a veces, crea incluso incertidumbre y ansiedad. Hace más difícil vivir el presente con gozo, en actitud de acción de gracias, de adoración rendida, de alabanza jubilosa a Dios.

4. El final de algunos monasterios

Esta situación difícil se puede agravar hasta tal punto en alguna comunidad que se plantee la necesidad de clausurarla porque ya no se dan las condiciones mínimas para vivir adecuadamente el carisma contemplativo.

Situación precaria

Esta se produce cuando ya no se puede atender debidamente a la salud y los cuidados necesarios de las personas, cuando no es posible asegurar una liturgia y un horario para una celebración

digna, cuando es difícil ya asegurar el sosteni-
miento económico o la formación de las personas.

Por decirlo de forma breve: las condiciones
del monasterio no ayudan a las hermanas a vivir
la vida contemplativa, ni parece posible un testimonio claro del carisma contemplativo ante la
Iglesia y la sociedad.

La ayuda exterior

Cada monasterio es importante para la Iglesia
y se debe hacer lo posible para mantenerlo vivo.
Si aquella comunidad no puede ya valerse por
sí misma, habrá que ver cómo puede ser ayu-
dada por la Orden a que pertenece, por otros
monasterios y comunidades, y por la Iglesia
diocesana donde se halla ubicada. Se trata de
ofrecer a aquella comunidad la ayuda necesaria
para que siga viviendo su vocación con vigor
suficiente.

El final de una misión

Pero es posible que la situación no pueda ser
ya remediada con la ayuda fraterna del exterior.
No se dan las condiciones adecuadas para vivir

la vida contemplativa y se ve que la prolongación de ese estado solo sirve para detrimento de las monjas.

Entonces puede decirse que ha terminado la misión de aquella comunidad concreta y que ha de plantearse su cierre por respeto y amor a la misma vida contemplativa, que ya no puede ser vivida en aquellas condiciones, y para ayudar a las hermanas que quedan a seguir viviendo su vocación de manera más adecuada.[2]

---

[2] "Cuando ni siquiera la más escrupulosa prudencia haya podido orillar las reales razones objetivas, será llegado el momento de aceptar el sacrificio con sentido de verdadero realismo y de serena fe en la acción indefectible del Espíritu". Documento de la Congregación para los Religiosos y los Institutos Seculares, *El problema del cierre de las casas religiosas, en* A. APARICIO RODRÍGUEZ, *La vida religiosa. Documentos conciliares y posconciliares*, Publicaciones Claretianas, Madrid 1990[2], 465.

2

Actitudes negativas

¿Cómo afrontar este futuro? ¿Cómo actuar desde la fe y desde el propio ser contemplativo? ¿Cómo vivir esta situación como tiempo de gracia y de salvación? ¿Cómo hacer una lectura esperanzada de este momento?

Antes que nada, vamos a recordar algunas actitudes negativas que hemos de evitar personal y comunitariamente.

1. Falsa culpabilización

No hemos de caer en una falsa autoculpabilización. Sin duda, podíamos haber vivido nuestra vocación de forma más fiel, haber dado un testimonio más transparente, habernos encarnado mejor en el momento actual, haber estado más cerca del sufrimiento y los problemas de la gente... Pero no es el momento de lamentarnos.

Solo con culpabilizarnos no preparamos el futuro. Ahora hemos de escuchar cuál es nuestra misión en estos momentos, qué nos está diciendo Dios desde esta nueva situación.

2. Ingenuidad

Tampoco hemos de crear entre nosotros falsas ilusiones diciendo que "vendrán tiempos mejores" y "esto pasará". Esta puede ser la mejor forma de eludir nuestra propia responsabilidad. Lo que hemos de considerar ahora es nuestra propia tarea.

¿Cómo hemos de actuar y qué pasos hemos de dar para que se abra un futuro nuevo para la vida contemplativa? Se nos pide realismo y fe grande, no ingenuidad.

3. Pesimismo

Es fácil también caer en la tentación del pesimismo y desaliento: "no hay nada que hacer", "todo es inútil", "hay que resignarse". El pesimismo y la tristeza son, tal vez, los rasgos más opuestos a lo que ha de ser el tono espiritual de la vida contemplativa.

Hay mucho que hacer. Nada menos que esto: escuchar la acción del Espíritu en estos momentos. Estamos viviendo una época germinal. Algo está siendo enterrado para que nazca una vida nueva. Si el grano no muere no nace el trigo. Hemos de saber "morir" preparando el futuro.

4. Pasividad

Es la postura más cómoda. No hacer nada. No dar pasos. Cerrarnos a todo posible cambio. Que sean otros los que nos busquen las soluciones; las hermanas que vengan ya harán algo.

Naturalmente, no a todas las monjas se les ha de pedir lo mismo. Hay hermanas que, por su edad y salud, han de ayudar viviendo sencillamente su vida con serenidad y paz, con fidelidad, sin angustia y turbación, pero no con despreocupación. Por lo demás, todas han de preocuparse activamente del futuro de la comunidad.

La pasividad no nace de Dios, ni proviene del amor. Quien ama la vida contemplativa, se interesa, busca, anima, ora, colabora, mira al futuro.

5. Impaciencia

Puede ser también una tentación. Actuar de forma impaciente y poco lúcida, buscando como sea "hacer algo", de forma apresurada, sin suficiente discernimiento, admitiendo ligeramente a nuevos miembros o buscando vocaciones extranjeras, urgidos más por la propia necesidad que por el bien de la Iglesia y el futuro de la vida contemplativa.

6. Apego al propio monasterio

Sin duda, es bueno el amor al propio monasterio, con su larga historia, su tradición y su riqueza. Ahí ha crecido y se ha desarrollado la vida de la persona contemplativa. Pero solo Dios es el Absoluto; todo lo demás es relativo. No hemos de ser esclavos de nada ni de nadie. Dios ha de ser fuente de libertad y desapego, que nos permita abrirnos al futuro con una confianza grande en la acción de su Espíritu.

7. Falso "providencialismo"

Es un error vivir la fe en la Providencia pensando que Dios irá actuando sin nuestra actuación responsable. Dios se cuidará de nosotros pero todos estamos llamados a participar en la solicitud de Dios por sus criaturas.

Hemos de ser "colaboradores" de Dios, como dice san Pablo. La Providencia de Dios actúa a través de nosotros. La fe en un Dios providente no suprime nuestra iniciativa, sino que ha de estimularla y desarrollarla.

3

Hacia una actitud positiva

1. Desde el ser contemplativo

La verdadera actitud en estos momentos ha de arrancar del mismo ser de la vida contemplativa. El contenido esencial de esa vida está bien resumido en la conocida sentencia de santa Teresa: "Solo Dios basta". Dios solo es el Absoluto, lo único necesario. Desde ahí las comunidades contemplativas han de vivir en estos momentos lo esencial, sin distraerse con lo accidental, sin apegarse a lo terreno, sin absolutizar lo que es relativo y accidental.

Por eso, también ahora lo importante es vivir con radicalidad el carisma de la contemplación. Seguir en la adoración, la alabanza y la acción de gracias. Todo es bueno para los que le aman. Lo fundamental es vivir la vocación contemplativa; no interrumpir la alegría de la consagración a Dios en esta hora de purificación y de gracia.

El Espíritu de Dios sigue actuando, el Reino de Dios no se interrumpe, la Iglesia permanece. Las instituciones concretas y los monasterios pueden desaparecer. Es doloroso, pero no es lo importante. Desde el Absoluto de Dios, el contemplativo vive y ama estos tiempos. Los vive con paz y serenidad, con libertad; sin agarrarse a lo que, tal vez, puede desaparecer; sin sufrir inútilmente por lo que, en fin de cuentas, no es tan importante.

2. Confianza radical en Dios

Es la actitud básica en estos momentos. Creer y confiar en la Providencia significa entender y experimentar nuestra vida entera como creada, impregnada y sostenida por el amor de Dios. Todo está bajo el amor de Dios también ahora. Nada escapa o queda fuera de ese amor. Acontecimientos, personas, errores, aciertos, esfuerzos, pecados... todo está bajo su cuidado amoroso. Veamos a qué nos invita esta fe.

Vaciar nuestra vida de miedos

Vaciar nuestra vida de miedos e inquietudes que pueden ensombrecer sin necesidad la vida contemplativa. Es la recomendación de Jesús:

> "No andéis agobiados por la vida pensando qué vais a beber, ni por el cuerpo, pensando con qué os vais a vestir." (Mt 6,25)

Nuestra vida no está dominada por la fatalidad o el azar, sino conducida por el amor vigilante de Dios.

Confiar radicalmente en Dios

El contemplativo se libera de miedos no para vivir una actitud de escepticismo, indiferencia o frialdad, sino para abrirse al futuro con una confianza total y absoluta en Dios:

> "Descargad en Dios todo agobio, que a él le interesa vuestro bien." (1 Pe 5,7)

Toda nuestra existencia es gracia. En todo está presente el amor de Dios que busca solo el bien. También en los acontecimientos y situaciones que nosotros consideramos negativos (falta de vocaciones, futuro incierto...). Dios siempre es gracia.

Percibir los signos de Dios

Toda la vida puede manifestar el amor de Dios, pero puede haber acontecimientos que por su impacto y su fuerza nos sacuden, interpelan y se convierten en signo privilegiado de la llamada de Dios.

¿Qué nos quiere decir hoy Dios a las comunidades contemplativas desde la situación dolorosa de un futuro incierto?

Saber estar en la dificultad

De esta confianza grande en Dios se deriva una manera sana de vivir estos momentos con paz, fidelidad a la vocación, disponibilidad, apertura a la voluntad de Dios, mansedumbre, desapego interior y exterior. Este es el clima básico que hemos de crear en la comunidad contemplativa.

3. Búsqueda responsable

La confianza en Dios no conduce nunca a la pasividad. Al contrario, quien está atento al amor de Dios sabe que Él nos habla desde el interior de cada situación y cada acontecimiento, nos invita a la responsabilidad, nos llama a la creatividad, nos sugiere la orientación que quiere dar a nuestras vidas. Dios nos trabaja exterior e interiormente desde la vida concreta, y nos invita a responder a su acción.

Por eso hoy no basta vivir "cerrando los ojos" al futuro. Es necesario buscar juntos, reflexionar, dialogar con paz sobre todo esto, conocer experiencias e iniciativas, dar pequeños pasos, preparar caminos, disponer sobre todo nuestros corazones, discernir soluciones para el futuro.

4. Aunar fuerzas

Es necesario más que nunca el esfuerzo para aunar fuerzas, comunicarnos experiencias, dialogar, ofrecernos mutua ayuda. Será un error el aislamiento, la cerrazón, la incomunicación. Es más importante que nunca la solidaridad.

En la comunidad

Hay que afrontar el futuro juntas, con espíritu de verdadera comunidad. Ayudarse a vivir estos momentos, unirse para encontrar pequeñas soluciones. No dejar los problemas para las jóvenes, las que vengan después.

En la orden

Es el momento de fomentar el amor fraterno y la solidaridad dentro de la familia religiosa. Buscar el apoyo mutuo. Ayudar a las comunidades más débiles. Agrupar las fuerzas en torno a las comunidades que en el futuro puedan tener más vitalidad.

En la diócesis

La Iglesia diocesana tendrá que ayudar cada vez más a encontrar soluciones para las comunidades más débiles y necesitadas, ayudar a crear servicios conjuntos, cuidar la formación de las jóvenes contemplativas, promover encuentros de reflexión y diálogo en torno a estos temas, proporcionar asesoramiento.

4

Algunas sugerencias

Nadie tiene la "fórmula mágica" con la cual poder resolver los problemas. Entre todos hemos de buscar caminos de futuro. He aquí algunas sugerencias.

1. Reflexión

El momento actual requiere reflexión y meditación. No se ha de actuar "cerrando los ojos". Es necesario promover la reflexión de manera permanente tanto en las comunidades y en las órdenes como en el marco de la diócesis.

No se trata solo de discernir soluciones evangélicas adecuadas al momento. Es necesario, además, disponer los corazones, cultivar actitudes sanas, escuchar la voz del Espíritu.

2. Intercambio de experiencias

Es negativo para un monasterio quedarse aislado, sin comunicación con otras comunidades. Son momentos en que hemos de promover la comunicación, la mutua información, el intercambio de experiencias positivas. Es conveniente, incluso, establecer algún cauce de información permanente.

3. Cambios en el interior del monasterio

Es conveniente plantearse en el interior de cada monasterio qué cambios parecen necesarios para adecuar mejor la vida de la comunidad a la nueva situación creada por el envejecimiento y enfermedad de sus miembros.

El criterio ha de ser "la atención a las necesidades fundamentales para vivir el carisma contemplativo de forma viva, fraterna y testimonial".

Los cambios pueden ser de carácter diverso:

- Mejor ubicación de una comunidad reducida dentro de un edificio amplio.

- Modificación de horarios que permita una asistencia y participación más viva.
- Mejor adaptación del edificio (ascensor, calefacción, megafonía, portero automático, telefonía...).
- Habilitación adecuada de la enfermería y de las habitaciones de las mayores.

4. Ayuda desde el exterior

Parece conveniente pensar en pequeños pasos que permitan la ayuda a la comunidad desde el exterior. Hay servicios que pueden ser realizados por personas amigas del monasterio (en régimen de voluntariado) o por personal profesional (con diversas fórmulas).

Pensemos en la atención a la portería, el cuidado de la huerta, la hospedería, la cocina y los servicios domésticos, el cuidado de la Iglesia, la atención médica...

Puede tratarse de pequeños servicios a una comunidad o servicios a diversas comunidades, organizados con el apoyo y la orientación de la diócesis.

5. Colaboración entre monasterios

Se ha de desarrollar cada vez más el apoyo mutuo: comunicación de experiencias, intercambio de materiales, cesión temporal de hermanas para tareas concretas, acompañamiento a enfermas hospitalizadas, ayuda para la formación permanente, etc.

6. Relación especial

Se puede pensar también en desarrollar una colaboración especial de ayuda permanente entre comunidades no muy alejadas y pertenecientes a la misma familia religiosa con el fin de conocerse mejor, ayudarse de forma más organizada, irse abriendo a un horizonte más amplio que la propia comunidad y preparar así un clima más adecuado para formas de fusión o agregación en el futuro.

7. Fusión de comunidades

No es una "solución mágica". Tiene sus dificultades (sensibilidades y tradiciones diferentes, riesgo de duplicidad).

La fusión no se improvisa. Requiere una gestación lenta, una preparación adecuada de carácter psicológico y espiritual. Exige sacrificio, renuncia, espíritu fraterno, búsqueda del bien común.

Todo ello pide organizar bien el proceso (comunicacion al obispo, conocimiento mutuo de las hermanas, diálogo y encuentros preparatorios, etc.).

8. Agregación de comunidades

Se trataría de reunir en un único edificio, o en edificios muy próximos (dentro de un mismo recinto), a dos o tres comunidades que siguen manteniendo su propia autonomía pero con servicios comunes para la atención litúrgica, médica, material, etc.

No quiero alargarme más. Mi modesta reflexión solo quiere estimular nuestra búsqueda en un clima de diálogo y comunicación mutua, abiertos a la acción del Espíritu presente en medio de nosotros.

Anexo 1

Experiencias diversas en las Concepcionistas franciscanas de Cantabria[3]

Sabemos todas muy bien que el tema sobre el que estamos reflexionando representa una seria preocupación en la vida de nuestras comunidades.

Es evidente que la fusión de monasterios viene hoy planteada o forzada por nuestra situación. Son uniones de pura necesidad, aunque la unión tampoco acabe de solucionar el problema de fondo. Es un problema que ha llegado hasta nosotras motivado por un conjunto de factores coyunturales que parece como que nos desbordan y que debemos conocer.

---

[3] Comunicación de Sor María Burgo Grández, Presidenta de la Federación de Nuestra Señora de Aránzazu, Concepcionistas Franciscanas de Cantabria.

Es importante que demos el paso de la reflexión. Nuestras Comunidades han de asumir esa clara necesidad de vivir en un profundo discernimiento sobre una realidad que nos circunda y afecta a nosotras mismas.

Al preparar estas páginas he recordado sobre todo un valioso documento que tal vez podría servirnos muy bien de base de trabajo en nuestras Casas. Se trata de una amplia reflexión del padre Javier Unanue, titulada "Análisis de la realidad y reflexión sobre el momento actual de las comunidades", en la que formula con claridad y solidez pensamiento y experiencias. El escrito produjo frutos saludables en un encuentro federal en el que ayudó a reflexionar a las Hermanas.

En los años que llevo desempeñando la función de Presidenta federal, me ha tocado acompañar una fusión de dos Comunidades.

El 13 de mayo de 1995 quedaba canónicamente suprimido el **Monasterio de Concepcionistas Franciscanas de La Canal de Carriedo (Santander),** y las Hermanas se fundían con la **Comunidad de Cristobaldegui (San Sebastián)**.

Por supuesto que una decisión de este género no se improvisa. Si las Hermanas de La Canal dieron este paso, con la sencillez y entereza que las caracterizó, es porque previamente habían dado ya otros muchos pasos:

- Las Hermanas se emplearon a fondo intentando buscar los signos de Dios.
- Reflexionaron.
- Mantuvieron esta actitud a lo largo de sucesivos años de búsqueda.
- Hubo un diálogo y consenso sereno en el interior de la Comunidad.
- La fusión fue gestándose lentamente, muy poco a poco, con su conveniente preparación espiritual y psicológica.

Estas actitudes quedaron cristalizadas en las Actas del Capítulo Conventual que expresaba la madurada decisión de la Comunidad.

A lo largo del proceso de supresión del Monasterio, las Hermanas actuaron en comunicación con el obispo y los responsables de la Federación. Hubo también momentos puntuales de encuentro entre todos, en los que las Hermanas se mostraron abiertas al diálogo y se dejaron asesorar.

En un admirable gesto de sentido eclesial, las Hermanas dejaron el destino del monasterio en manos del obispado, que ha posibilitado que el edificio siga siendo centro de irradiación evangélica.

Antes de marcharse las Hermanas, se encontró a un sacerdote y comunidad de fieles laicos dispuestos a mantenerlo como lugar de oración y acogida para quien busque al Señor en el silencio y convivencia cristiana. Desde allí se atiende también a las parroquias del entorno. Ha sido una experiencia de transformación del monasterio que las Hermanas han vivido con paz.

Ciertamente que debemos aprender a afrontar nuestras necesidades a tiempo. Podemos referirnos brevemente a tres niveles de actuación que nos ayudan a asumir la situación en la que hoy se encuentran nuestros monasterios.

Medidas dentro del monasterio

Las comunidades hemos de tener en cuenta primeramente que existen medidas dentro del monasterio para adecuarnos a esta situación.

Es verdad que la vida de cada uno de nuestros monasterios merece la pena. Debemos hacer todo lo que podamos por mantenerla. Pero si vamos repasando uno a uno, constatamos dificultades para resolver el buen funcionamiento de las casas: prioridad de la oración, atención a la cocina, a la portería, a la sacristía, a un horario de trabajo, a la huerta, a las Hermanas enfermas, a la hospedería y al buen orden, en general, de la casa. A lo que podríamos llamar nuestros servicios intrafraternos y domésticos.

A la hora de pensar en nuestra vida cotidiana, el criterio para mantener o transformar nuestras estructuras, que no son fines en sí mismas, puede ser preguntarnos: "¿Qué debemos cuidar por encima de todo?"

Las comunidades expresan su convicción de que en este momento, por encima de todo, debemos cuidar un plan de vida fuertemente sustentado en la convivencia fraterna y en la oración y contemplación diaria de la comunidad. Se ve en ello los dos elementos esenciales y comunes al conjunto de nuestros carismas de vida contemplativa.

Nos mostramos conscientes de ello y la preponderancia de la edad mayor en las comunidades nos ha inclinado a pensar y actuar desde sus necesidades fundamentales. Citemos datos concretos.

- Se constata, por ejemplo, que en estos últimos años reajustamos el horario en función de la mayor participación de Hermanas, para facilitar la asistencia de nuestras mayores y enfermas a actos comunes.
- En otro orden, digamos que el 90% de los monasterios ha incorporado el ascensor en la casa y provee de sistema de calefacción la iglesia, el coro, las habitaciones de las Hermanas más delicadas y otras dependencias.

Uno de los lamentos generales es el de la desproporción de nuestros monasterios: pocas Hermanas en grandes casas en las que perdemos un montón de energías yendo y viniendo. Como respuesta a ello, hay bastantes monasterios que utilizan videoportero para aliviar el trabajo de atención a la portería. Otras, aunque seguramente no sea solución factible a todas, prescinden de utilizar determinadas partes de la casa.

Las necesidades de nuestros monasterios pueden ser pluriformes, según determinados casos y momentos, pero más allá de respuestas personales y comunitarias hay también una solución última y común a todas nosotras. Permitidme decir que somos llamadas a entender y situar evangélicamente nuestro presente, aunque necesitemos paciencia y comprensión con nosotras mismas, humildad ante la voluntad de Dios. Debemos cultivar esa actitud de la disponibilidad, sin resistencias a una posible renovación.

Ayudas desde el exterior del monasterio

El segundo aspecto contempla las ayudas que podemos recibir desde el exterior del monasterio. Es claro que lo que no puede hacer una comunidad es resignarse a "ir tirando" como sea, manteniendo la permanencia del monasterio muy por encima de una calidad de vida contemplativa que posibilite a cada Hermana la creciente vivencia de su vocación.

Debemos afrontar esta nueva etapa de nuestra vida comunitaria con un atento y vigoroso espíritu creativo que nos centre en esos contenidos evangélicos que hemos profesado. Y cuando no son suficientes esos reajustes en el interior de la comunidad, y se hacen precisas mayores soluciones, se nos posibilita para recibir ayudas desde el exterior del monasterio.

En este segundo aspecto, no puedo explayarme en matizaciones concretas que arranquen de la experiencia de las comunidades. Si bien el n. 184 de las *Constituciones* de nuestra Orden de la Inmaculada Concepción habla de la utilidad de estos agentes para el servicio del monasterio, en las comunidades de nuestra Federación de Cantabria no se ha hecho todavía uso de estas prestaciones.

Ahora bien, en el intento de ir encontrando luz, las Hermanas dicen ser realistas, y aunque este tipo de soluciones pueden ser delicadas por factores de economía y otros, sí insinúan que en un futuro más o menos inmediato, seguramente nos veamos forzadas a asumirlas.

Me vienen a la mente ejemplos que citan las Hermanas:

- En agotadores momentos de limpieza del monasterio, después de obras o anualmente, aliviaría contratar servicios de una empresa de limpieza.

■ Se habla también de la posibilidad de ir introduciendo personal seglar para atender la cocina.

■ Y aunque el cuidado de nuestras enfermas es un asunto antes de vida fraterna que de "servicios" adecuado, la cuestión de la "enfermería" va a ser un recio problema que, sin esperar demasiado, debemos resolver. ¿Cómo?, ¿una enfermería común?, ¿realmente es posible?

Tal vez no podamos precisar qué es exactamente lo que buscamos, pero se intenta encontrar "formas nuevas" de afrontar nuestra vida.

La colaboración y ayuda recíproca

Existe también un valioso estímulo para nuestras comunidades en esa colaboración y ayuda recíproca que podemos prestarnos entre los monasterios de una misma Federación. Es el tercer nivel de nuestra observación.

De un modo u otro, queda dicho ya que, ante la caída numérica de personal y la edad de las

Hermanas, no podemos mantener la misma dinámica que hemos sostenido hasta ahora.

Una solución esencial es también ese exhortarnos mutuamente, dentro de la prudencia de nuestro género de vida contemplativa, hacia un futuro de colaboración y ayuda intermonasterial. Puede ser y está siendo ya algo precioso, iluminador y de gran estímulo para las comunidades.

El futuro de la vida contemplativa, ciertamente, está en manos de Dios, pero también está en nuestras manos. Existen zonas de actuación en las que podemos coordinar las energías de varios monasterios.

Es una apreciación general que salta a la vista. Las comunidades nos necesitamos unas a otras, y quedando intacta la autonomía de cada monasterio, estamos en el paso o búsqueda de una realidad familiar federal que nos lleve a niveles profundos y concretos de fraternidad.

Anoto ejemplos concretos.

■ El punto más espinoso sigue siendo la cesión de Hermanas de un monasterio a otro. Ante la casi imposibilidad de ayudarnos en este sentido entre los monasterios españoles, hay comunidades en nuestra Federación que han solicitado ayuda a monasterios de la Orden en América. En el presente, en una comunidad hay tres Hermanas bolivianas, en otra, dos colombianas. Una comunidad acaba de recibir una Hermana peruana. Hay experiencia también con Hermanas mexicanas. Es una posible y rica forma de afrontar nuestras necesidades. Tan solo hace falta que sean actuaciones bien pensadas y organizadas.

- Un tipo de ayuda que hemos hecho más frecuentemente es acoger temporalmente a Hermanas de otro monasterio para orientar en una determinada capacitación laboral. Desde el bordado, costura, pintura y música, hasta últimamente la informática. Aquí existe un amplio panorama de posibilidades. Unas comunidades podemos abrirnos a otras y apoyarnos ofreciéndonos sencillamente en aquella área en la que tengamos más conocimiento o experiencia.

- Acaso pueden darse también situaciones un tanto extremas. Un ejemplo ocurrido recientemente. Varias Hermanas de una comunidad reducida sufrieron un accidente de tráfico. La Abadesa quedó gravemente lesionada. Durante el tiempo de su hospitalización fue acompañada y atendida por Hermanas de otras comunidades de la Federación.

- El tema de la formación permanente nos abre igualmente a grandes posibilidades de ayuda intermonasterial. Experiencia al respecto. Los monasterios de Cantabria reciben nuestra revista federal como un eficaz medio de formación y comunicación. El trabajo periódico de editar cada uno de sus ejemplares es afrontado, normalmente, por el esfuerzo de Hermanas de tres comunidades. En ocasiones, se facilitan esquemas de celebraciones litúrgicas, e incluso alguna comunidad ha llegado a ofrecer su proyecto anual de vida comunitaria. No podemos olvidar que este apoyo recíproco nos crea confianza y esperanza.

Si nos situamos ante el mapa, nos encontramos, por ejemplo, que en la provincia de Gipuzkoa se hallan cinco monasterios de nuestra Federación. Es una rica presencia de la Orden de la Inmaculada Concepción en esta diócesis. Esta proximidad geográfica encierra también todo un programa de posibilidades de futuro. Porque cinco monasterios unidos especialmente por ese espíritu de ayuda y colaboración, que mantengan una relación fraterna de mutuo estímulo, pueden mirarse entre sí con atención y desplegar su creatividad en busca de soluciones conjuntas a posibles problemas y servicios comunes.

Concluyendo el tema que intentamos situar, nos preguntamos: ¿Cómo ir dando pasos significativos hacia este estilo de vida federal en que las comunidades nos ayudamos unas a otras? El conocimiento interpersonal de las Hermanas y la comunicación son básicos, favorecen estas actitudes de apoyo entre nuestros monasterios.

Que el discernimiento vivo del Espíritu del Señor, suave y consolador, nos guíe a todas.

Anexo 2

La fusión de dos Carmelos[4]

Queridos hermanos y hermanas:

En este encuentro tan fraterno, acepto la invitación que nos habéis hecho para compartir experiencias sobre la manera de ayudarnos las comunidades en este momento difícil de falta de vocaciones y envejecimiento de sus miembros.

Pertenezco a una Asociación (San Joaquín de Navarra) que ha llevado a cabo una fusión y a la comunidad donde se ha realizado y se está viviendo. En este momento estamos también ayudando a la supresión de otros dos monasterios, pero de comunicar esto se encargará mi compañera Olatz. Yo os cuento la experiencia de mi propia comunidad.

---

[4] Comunicación de la M. Teresa de la Cruz Arbeloa, Presidenta de la Asociación San Joaquín, de Navarra.

No sé si conocéis el convento de Carmelitas Descalzas de Echavacoiz-Pamplona. Éramos quince monjas de edades bastante buenas para estos tiempos que corren. Conocíamos mucho a las Carmelitas de Meñakabarrena (Vizcaya), que por diversas circunstancias habían quedado en solo seis. A veces nos interrogábamos qué sería de ellas.

En octubre de 1995, me llamó la M. Priora para que fuese a hacerles una visita fraterna como Presidenta. Pasé con ellas unos días de cielo en aquel "palomarcico" tan sencillo, bonito y acogedor. Hablamos despacio, reflexionamos juntas y las vi bastante decididas a dejar aquello, no sin mucho sacrificio y dolor.

Como sabía el sentir de mi propia comunidad, pude darles palabras de aliento y acogida porque conocía a mis Hermanas y sabía de sus buenas disposiciones. Les insistí que obrasen con plena libertad, pero también las animé a que no dieran largas a su decisión.

Al final, cuando me disponía a volver a casa, me pidió la M. Trinidad venir con alguna para conocernos mutuamente. Comenzó aquí una nueva relación, muy positiva, con el apoyo de los visitadores de ambas diócesis. Pasaron las Hermanas dos veces por mi comunidad, y por fin el 24 de diciembre, en la Nochebuena, decidieron "pedir posada" a Echavacoiz.

Nosotras acogimos su petición con deseos sinceros de ayudarlas. Mas aún, de iniciar un proyecto nuevo, formar una comunidad nueva y llevar adelante un encuentro de Hermanas, no sin trabajo y sacrificio por las dos partes. A ellas les correspondía desprenderse de muchas cosas, a nosotras hacer huecos en todo, estrecharnos un poquito más a fin de que estuviésemos todas cómodas.

Tras dar el sí definitivo y oficial, arreglar el papeleo, enviar los documentos a Roma, etc., comenzamos la preparación. Sí que nos preocupamos de las necesidades materiales: arreglar la casa, acomodarla a las necesidades de las mayores, baños, etc., pero nos pareció que era muy importante un trabajo de mentalización y acogida. Nuestro proyecto comunitario, nuestra formación personal iba toda orientada al gran acontecimiento que veíamos llegar. Después de dialogarlo y reflexionar, el tema central de nuestro trabajo para el año 1996 fue: "La fraternidad como acogida", y el lema: "Acogeos mutuamente como Cristo os acogió para gloria de Dios" (Rom 15,7).

Y lo trabajamos, lo trabajamos a fondo. En aquellos días, me encontré con un obispo (no el de Pamplona) con quien hablé de este asunto; le dije que, por encima de todo, estábamos preparando el corazón, la inteligencia, las actitudes, explicándole cómo llevábamos nuestro proyecto comunitario. El me miró sonriente diciendo: "Nada de eso hace falta, Madre; con ser las que tienen que ser les basta".

Lo he recordado muchas veces, y no puedo darle la razón por más que quiera. En mi pobre entender no basta con ser las que somos si no evolucionamos, si no cambiamos la mentalidad en cada nueva situación que se presenta. Hay que prepararse para estos acontecimientos con paz, sin agobio, pero con verdadero interés, como quien vive una nueva etapa en su espiritualidad.

Nos seguimos visitando y conociendo, sufrimos como algo nuestro ver que el Carmelo de Meñaka estaba llamado a desaparecer, tenía que vaciarse. Camiones llegaban a nuestra casa que nosotras recogíamos con cuidado y ternura.

Hasta que el 6 de agosto, fiesta de la Transfiguración del Señor, se abrían las puertas y el corazón del Carmelo de Echavacoiz para acoger a estas buenas Hermanas que llegaban cansadas, algo tristes, pero confiadas y con ánimo de vivir un proyecto de amor y comunión; ellas han iluminado muchos de los rincones de nuestra casa y de nuestras vidas.

Atrás quedaron su Carmelo y nuestro Carmelo; nuestra tarea principal consiste en fundirnos en una sola comunidad, aceptando esas condescendencias afectivas que son necesarias y legítimas sobre todo para ellas. Horarios, etc., fueron adaptándose al principio, pero en realidad ha prevalecido lo nuestro. Los oficios comunitarios están repartidos por igual.

Pasaron los días, vinieron las lluvias, llegó la inundación, la fuerte gripe..., nada va destruyendo el edificio que se intenta cimentar en roca. Hasta aquí hemos llegado. Esta nuestra comunidad, que cuenta con 21 miembros y por ahora se defiende bien, ¿podrá quedarse tranquila pensando que ha cumplido ya su misión? Nunca se termina. Es necesario vivir alertas a las necesidades del presente y disponibles para lo que traiga el futuro.

A raíz del Concilio, los expertos en vida espiritual estaban preocupados por la nueva ascesis, la nueva espiritualidad que brotaba de la doctrina conciliar, más actual, más humana. No sé si todavía hemos descubierto la riqueza renovadora de aquellos documentos, pero sí que la crisis vocacional que estamos viviendo hoy nos puede hacer caminar hacia una espiritualidad nueva.

La vida moderna nos proporciona muchas más comodidades: nuestras casas son confortables, vivimos sin agobios económicos, no pasamos el frío de antes, las medicinas alivian muchas de nuestras enfermedades. Alabemos por ello a Dios y a los hermanos. Pero el futuro se presenta oscuro, la vida religiosa lleva un rumbo incierto... y allí nos encontramos nosotras sin poder asirnos a razones ni a proyectos sabidos, ni poder seguir "lo que se ha hecho siempre". Se nos pide un gran despojo, una confianza total en el Señor, un abrirnos más allá de nuestros propios monasterios, un saber morir poniendo en Alguien la esperanza. ¿Con quién me tocará compartir los últimos días de la vida?

Hoy más que nunca somos peregrinos, haciendo el aprendizaje de vivir sin morada permanente. Pero estas situaciones, que ya las estamos rozando, no podemos vivirlas en angustia ni en una inestabilidad que nos destruya por dentro, sino con responsabilidad y deseos de agradar en todo a Dios. Esta es la nueva ascesis.

Al entrar al convento, soñamos con unos votos religiosos vividos a la perfección; esto sigue en pie, pero ¿no os parece que nos toca vivirlos de otra manera? La pobreza, más que en lo material, aparte del recto uso de las cosas, es un despojo interior frente al desafío de perder la propia comunidad, la propia casa, el entorno donde siempre he vivido...

Y luego la aceptación de los planes de Dios en nuestra vida, tan impensados anteriormente. Vivir con el oído atento cada día a la escucha de lo que Él quiere de nosotras; la obediencia a la existencia, al acontecer, que nos deja perplejas, inclinadas a lo inestable si no fuera porque el Señor es la Roca perpetua.

¿Qué mística nos presenta todo esto? Para mí penetrar en ese misterio de amor y comunión universal. Conciencia de historia, de vivir insertas en la humanidad, más abiertas que nunca, con un gran deseo de lo comunitario. Sensibles a todos los dolores de los hombres, cercanas a sus problemas, dispuestas a vivir allí donde se intuya la voluntad de Dios, con esas Hermanas que un día parecían desconocidas, pero desde este trabajo de amor y comunión hoy con las Hermanas. Dejarnos purificar por la historia, por los acontecimientos, por los cambios.

El misterio de Dios es insondable, pero es comunión. El misterio del ser humano es insondable, pero es comunión. Vivamos a fondo esta comunión que nos ayudará a asumir los problemas y, sobre todo, nos llevará a la experiencia última de Dios que es el Reino.

Tarea difícil si no nos abrimos al Espíritu. Sea él quien ilumine nuestros caminos y nos guíe hacia la novedad del Evangelio. Aprendamos de María a vivir las realidades humanas y espirituales desde la moción del Espíritu Santo. Este es mi mejor deseo.

Índice